20个必学象形图字 - 1
习字及著色本

20 Must-learn Pictographic Simplified Chinese Workbook

1

Coloring, Handwriting, Pinyin

白雲

20 Must-Learn Pictographic Simplified Chinese Workbook 1
Coloring, Handwriting, Pinyin

Illustrated by Chris Huang
Edited by Iris Chiou
Proof Read by Amy Chien
Published by Cloud Chinese
All copyrights © by Chuming Huang
Inside 44 pages Black & White
Paperback Color with Matte finished
Printed in US
ISBN 13 : 978-1-954729-92-6
Reference ID: 001
Language: : Chinese
Publication Date: 2021, March 5th

Cloud Chinese, Wilmette, IL, USA
www.mycloudchinese.com
myeasyshows@gmail.com

TABLE OF CONTENTS

ONE

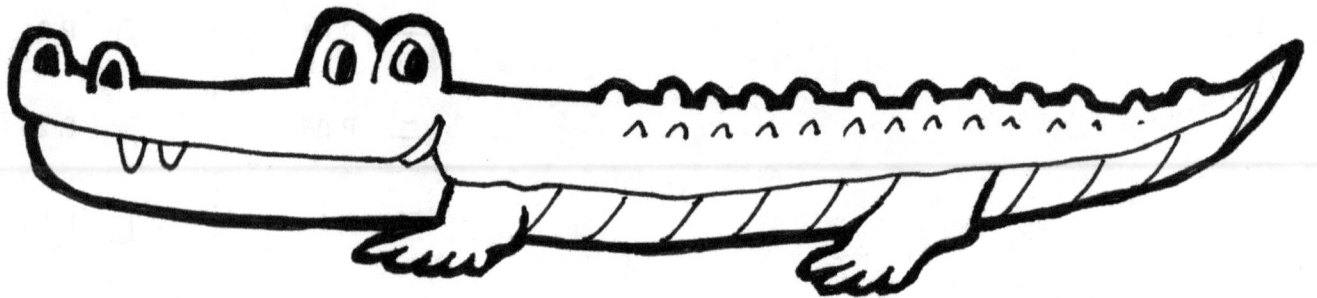

一　yī

1

yī

—

yī

—

TWO

 **èr**

èr

?
∙∙

èr

二

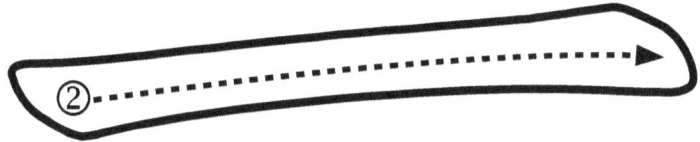

èr	èr			
一	二			

THREE

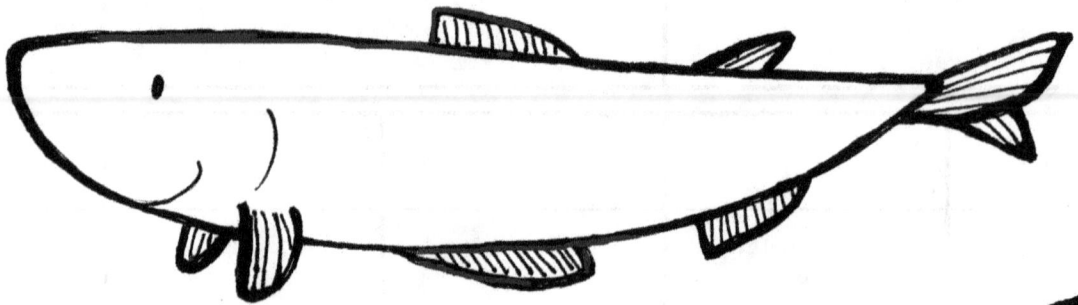

 sān

3

sān

三

sān

sān	sān	sān		
一	二	三		

FOUR

四 sì

4

sì

四

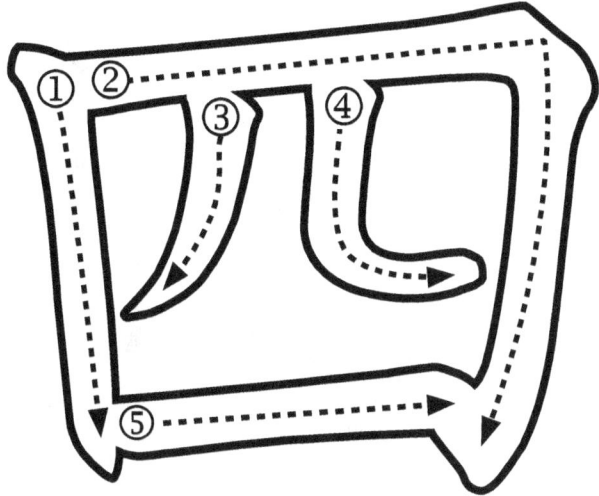

sì

sì	sì	sì	sì	sì

FIVE

五 wǔ

5

•••••

wǔ

五

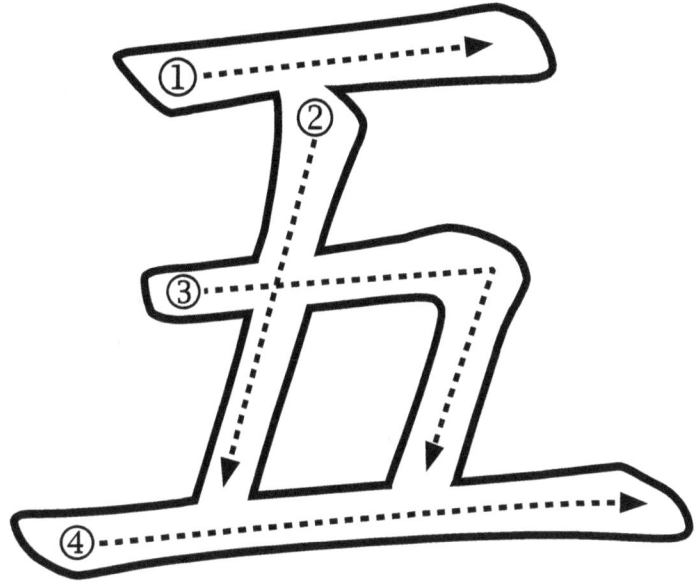

wǔ	wǔ	wǔ	wǔ	
一	丁	万	五	

SIX

六 liù

6

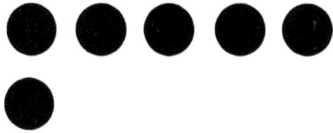

liù

六

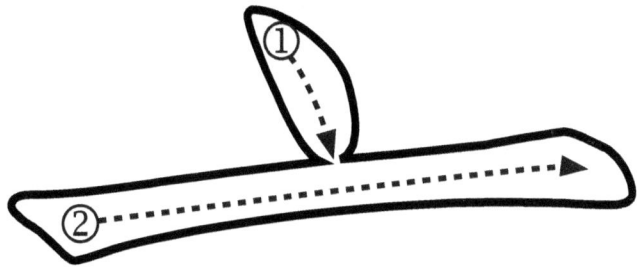

liù	liù	liù	liù	
丶	亠			

SEVEN

七 qī

7

●●●●●
●●

qī

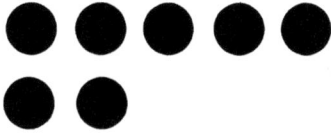

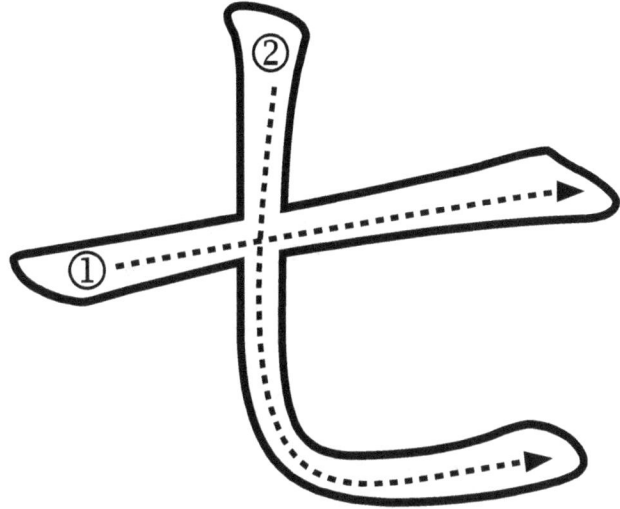

qī	qī			
一	七			

EIGHT

 bā

8

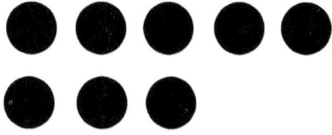

bā

bā

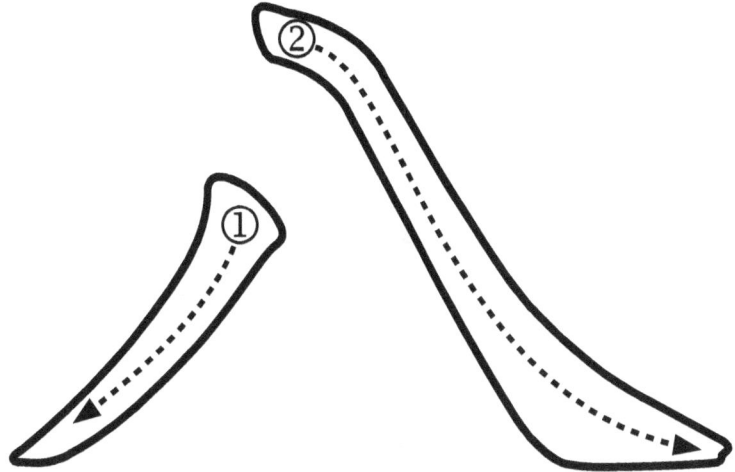

bā	bā			

NINE

九 jiǔ

9

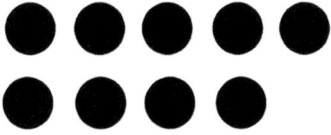

jiǔ

九

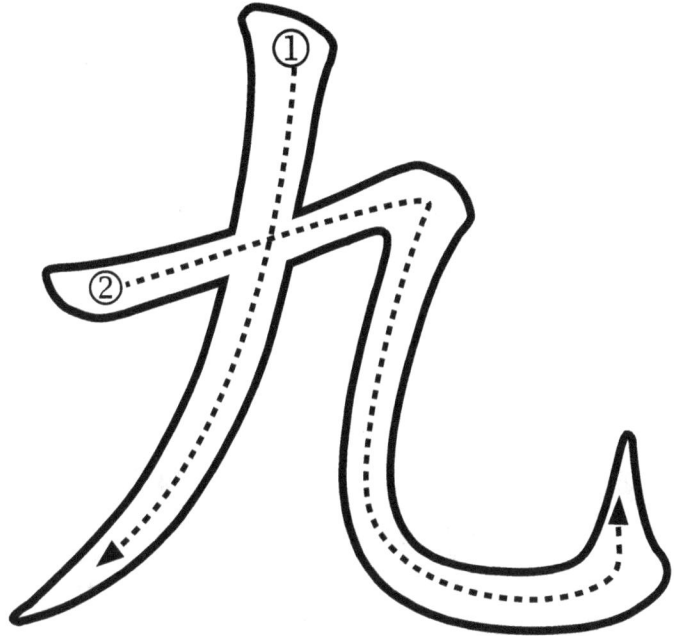

jiǔ	jiǔ			
ノ	九			

TEN

十 shí

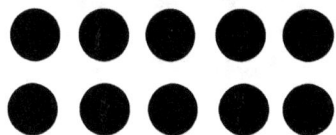

10

shí

shí

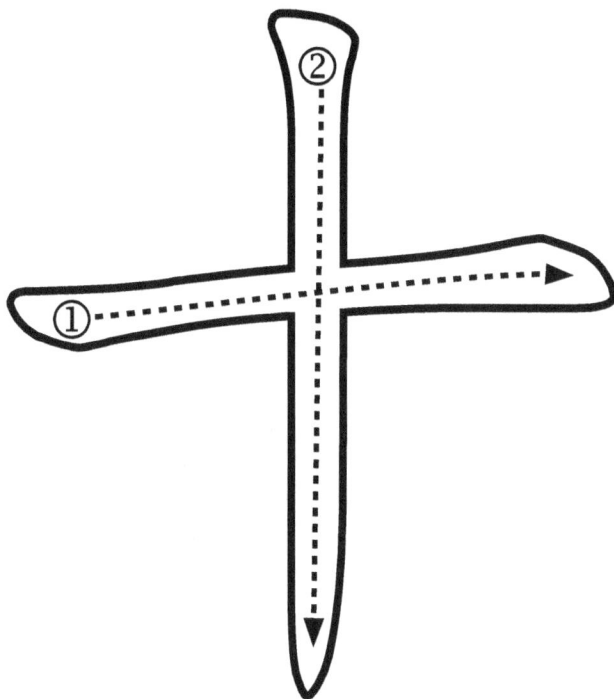

shí	shí			
一				

HUNDRED

百

bǎi

100

yì bǎi

一百

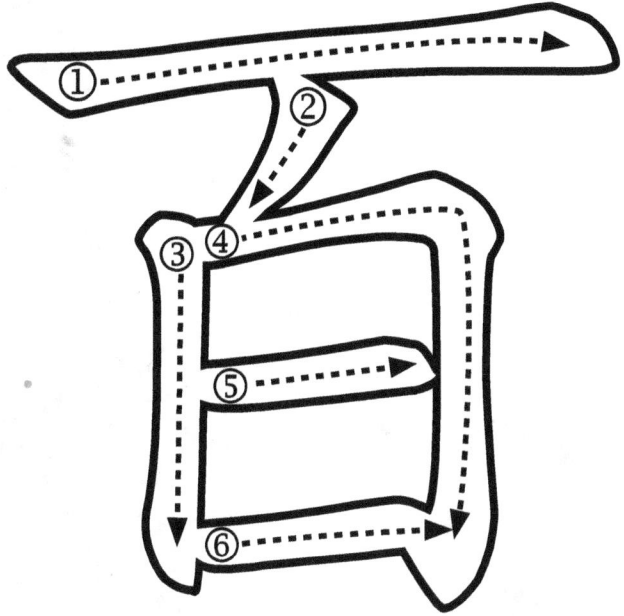

bǎi	bǎi	bǎi	bǎi	bǎi
一	丆	丆	百	百
bǎi				
百				

THOUSAND

千

qiān

1000

yì qiān

一千

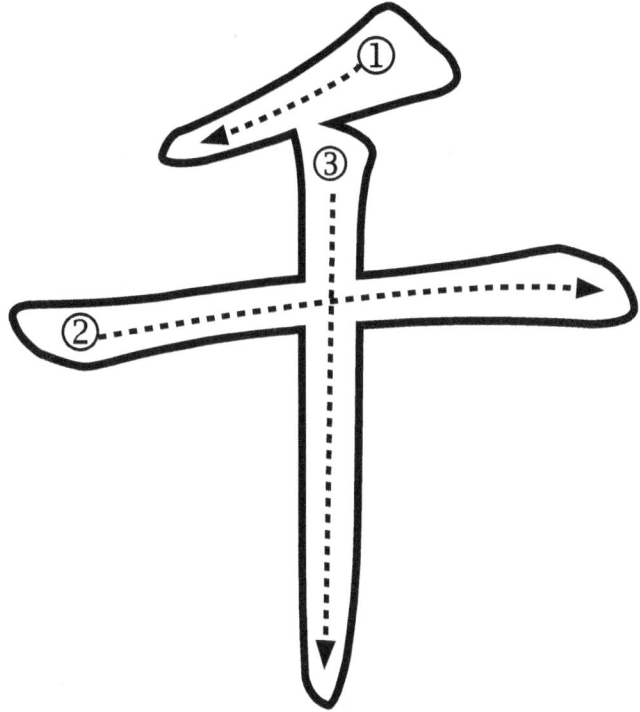

qiān	qiān	qiān		
一	二	千		

UP

上 shàng

shàng miàn
上面

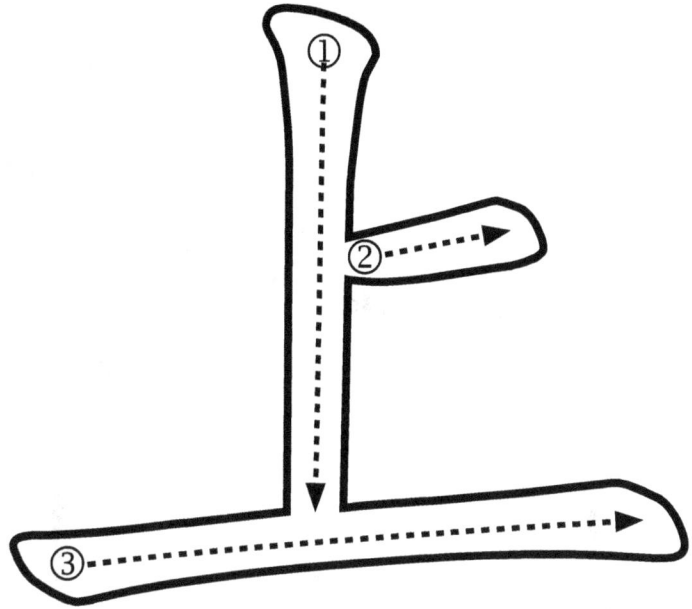

shàng	shàng	shàng		
丨	卜	上		

MIDDLE

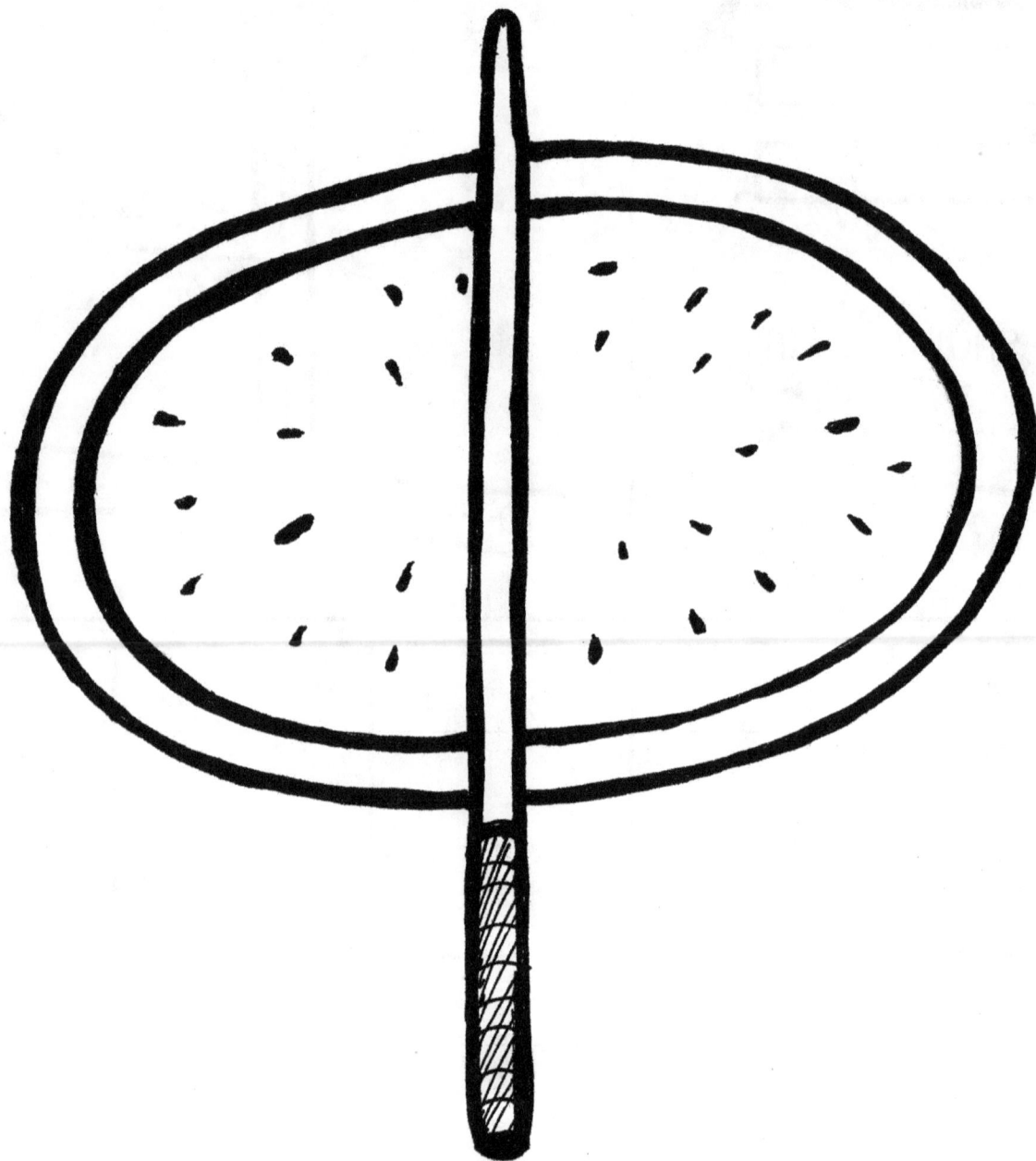

中

zhōng

zhōng

zhōng jiān
中间

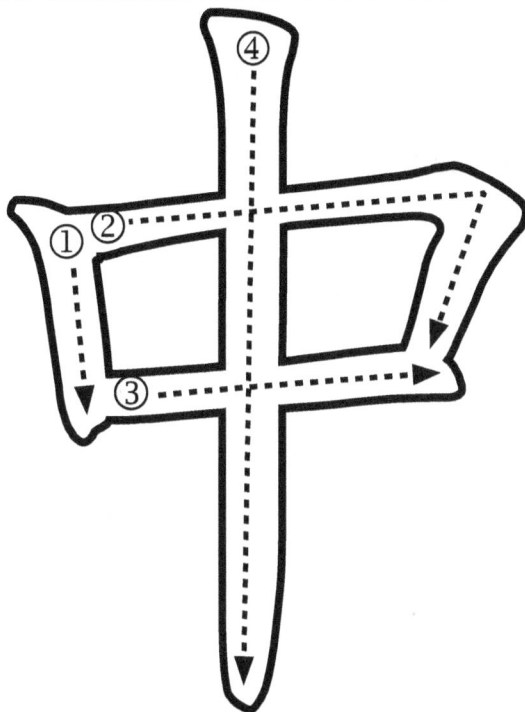

中

zhōng	zhōng	zhōng	zhōng	
丶	冖	口	中	

DOWN, UNDER

下

xià

xià miàn
下面

xià

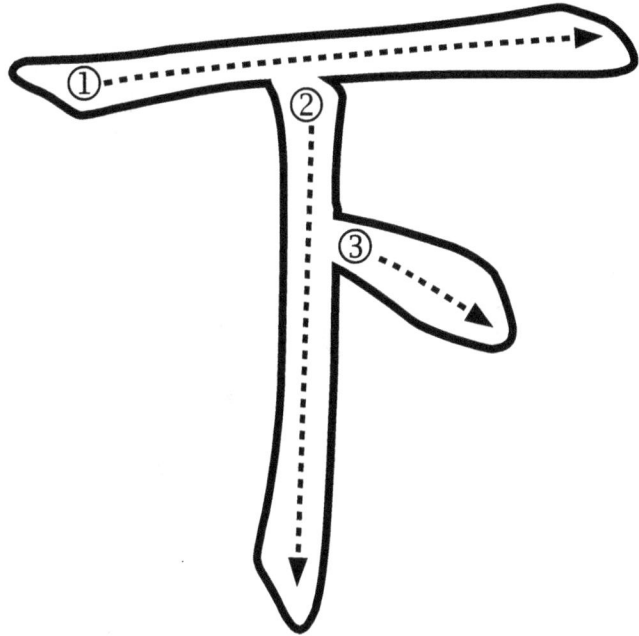

xià	xià	xià		
一	丁	下		

BIG

大 dà

dà   rén
大人

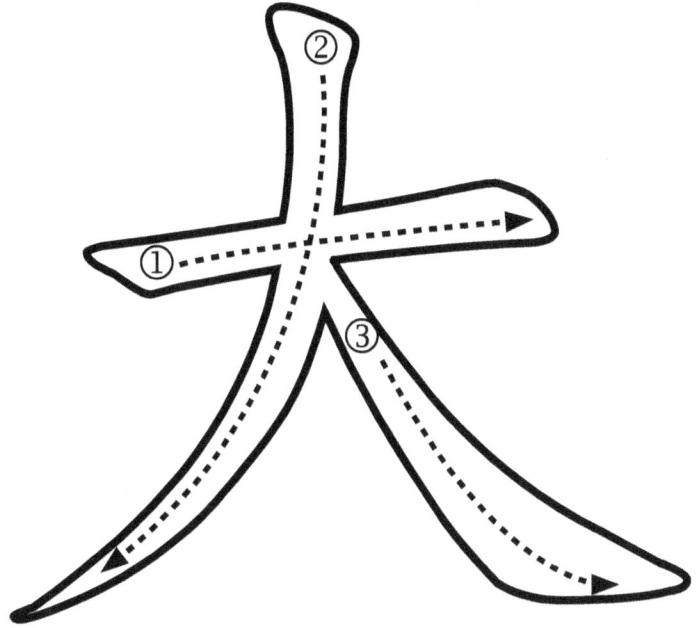

dà

dà	dà	dà		
一	ナ	大		

SMALL

小 xiǎo

xiǎo hái

小孩

xiǎo

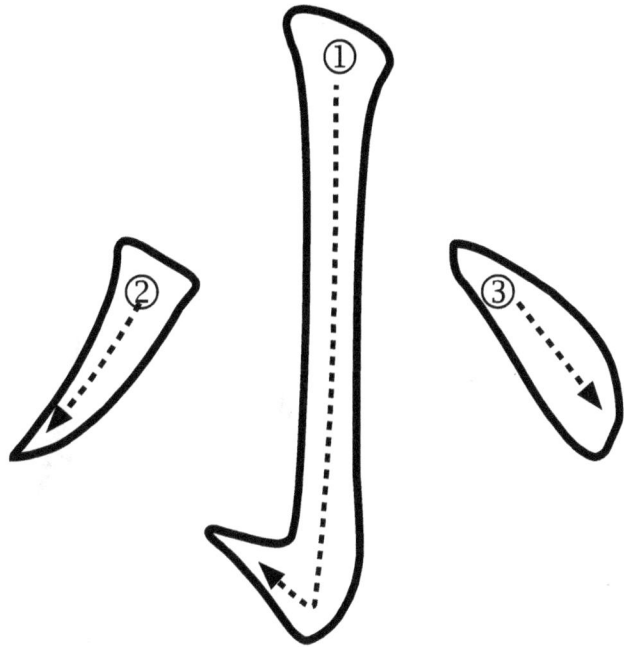

xiǎo	xiǎo	xiǎo		
	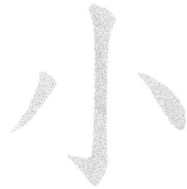	小		

HAND

手 shǒu

shǒu

xiǎo shǒu
小手

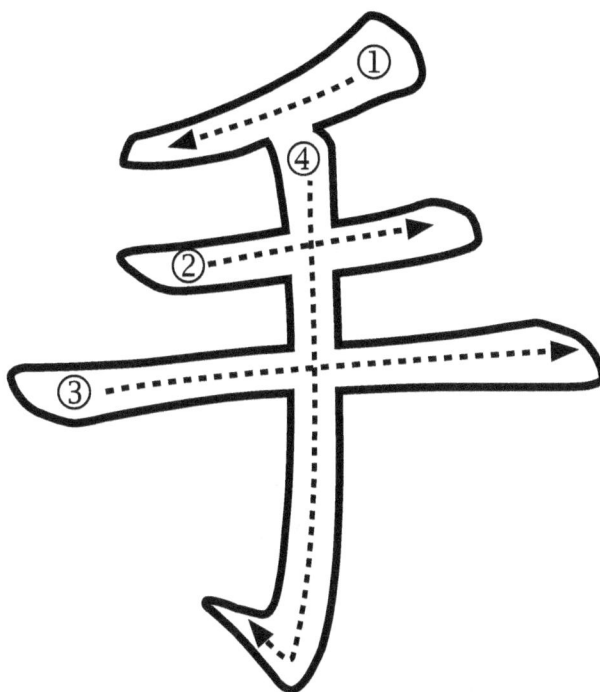

shǒu	shǒu	shǒu	shǒu	
一	二	三	手	

POWER, STRENGTH

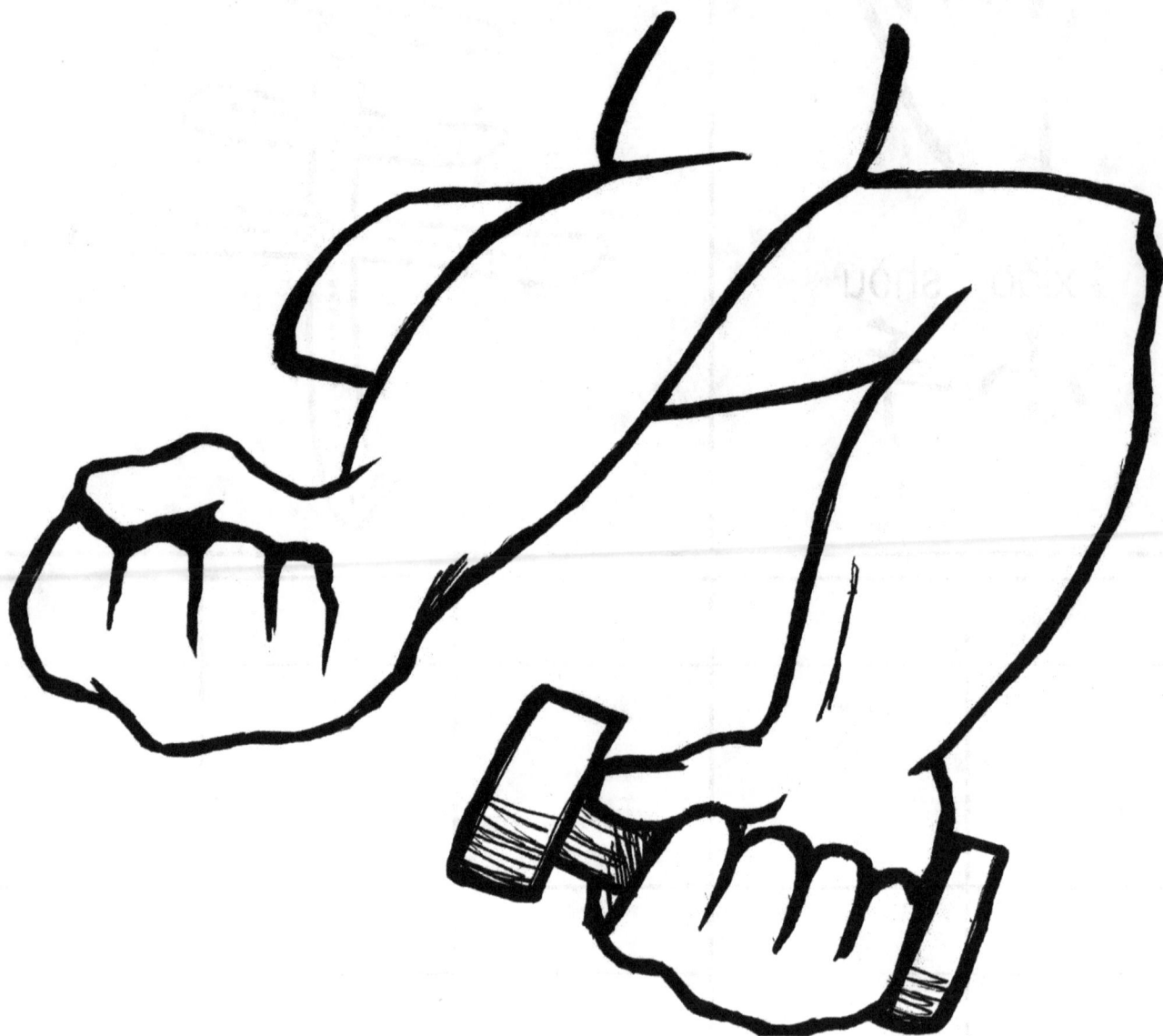

力 lì

lì qì

力气

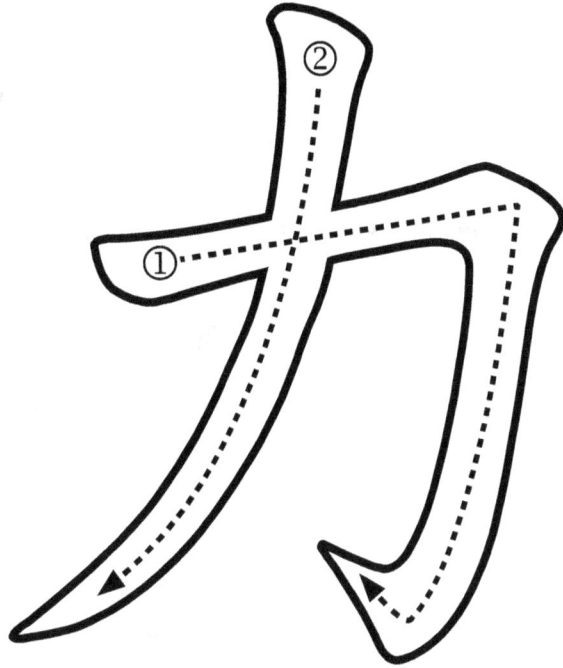

lì

lì   lì

刀   力

* Pronunciation differences between Traditional and Simplified Chinese. (qì, qi)

WORK

工 gōng

gōng rén

工人

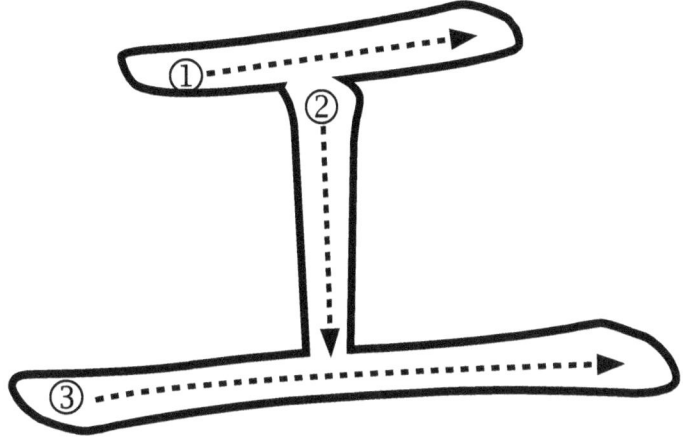

gōng	gōng	gōng		
一	丅	工		

www.ingramcontent.com/pod-product-compliance
Lightning Source LLC
Chambersburg PA
CBHW081852050426
42337CB00070BB/4859